FRANCESCO MAGLIONE

ANARCHIA CRISTIANA

Copyright

Titolo: Anarchia Cristiana

Autore:Francesco Maglione

PUBLISHER : XERIOS

Cover image *CONOSCENZA* ©Francesco Maglione

©novembre 2012, Francesco Maglione

URL : www.xamata.it

ISBN: 978-88-906126-1-9

TUTTI I DIRITTI RISERVATI.
La riproduzione ,anche parziale, con qualsiasi mezzo non è consentita senza la preventiva autorizzazione scritta dell'autore

ABSTRACT

Il vivere quotidiano ci pone continuamente di fronte ai grandi dilemmi dell'esistenza:da dove veniamo,chi siamo,qual è lo scopo della nostra presenza che mentre fluisce viene bombardata da conoscenze e dilaniata da croci.

Con la "Pasqua" si è cercato di rimarcare la condizione umana inserita
negli schemi cristiani che in un percorso vitale vivificato dallo
scontro bene/male fa emergere la speranza finale : l'uomo-Signore

In "Città" un insieme di flashback non gratificanti portano comunque ad
"inni trionfali" alla vita

"Anarchia cristiana"porta al top evolutivo

L'assenza di governo come sintetizzavano i greci con la parola anarchia è lo status sociale ultimo concepito dall'uomo.
In diversi brani di questa raccolta si invita "a fare il proprio dovere".
Se tutti svolgessero i propri compiti con onestà ed onore per il bene collettivo, senza imposizioni di legge come da sempre si è invitati a fare dai riferimenti evangelici e dai raffinati articoli delle moderne legislazioni democratiche(ad es. l'art. 54 della Costituzione italiana),avremmo in automatico l'anarchia e se supportassimo le nostre azioni con l'amore ,verremmo proiettati verso l'anarchia cristiana come top evolutivo.

La coppia

un uomo
una donna
si amano
imperitura unione
l'assoluto
il reale
di contro
recita
la conferma
continua
costante
della sua negazione
paure angoscianti
bloccano
l'eterno
corporeo
non esiste
crescita infinita
spirituale
di rapporto
trafitto giornalmente
da stoccate
profonde
sanguinanti

e
sanate
dove
è forte amore

ATTIMI

momento solidale
di carità avvolgente
un atto di stima
mi guarda e si scioglie
gocce
di felicità

Emanazioni tra la gente

bocche
vomitano parole
dai loro cuori
vibrazioni
pulsioni
angoscianti

Pasqua

croci dilaniano
non c'è lenimento
dai principati
non tregua
ma fiotti di sangue
sopportazione
calma
umile
commemora
il massimo sacrificio
accettato
dopo
liberi
energia pura
materia
tempo
spazio
dominio
essenza stessa del creato
con gioia in mano
i destini dell'universo

Signore

quando l'uomo
il fratello non frusterà
con le sue catene
e vita
nel retaggio di razza
con solidarietà

Ricordi

Buio
pioggia
stretti
mutamenti improvvisi
un poco di calore
colori diafani
ghiaccio
ghigno ineffabile
vuoto in me
ho cercato di volare
verso il mio universo
ma al risveglio
le stelle
bagnate
erano solo nel sogno

Catene

quando l'angoscia di rabbia repressa
attanaglia la gola
allora
con gli occhi nello squallore
anche un uomo può piangere
e verrà giorno in cui
non più lacrime
si vedranno su volti alienati
dritti
con lo sguardo rassegnato
verso il nulla
ma esplosioni di rabbia e furore
urleranno giustizia
le arroganze
spezzate
luce all'equilibrio cosmico
e gioia e gioie
girandole per il creato

Agli amici artisti

sul rigo
melodie in fiamme
musica
ormai polvere
combusta
dalla brama
al vento
le nere effimere
riporta
i tuoi slanci esplosivi
al bello
il canto
laude universale
sgorgherà

OLTRE

Un amore al di la del tempo e dello spazio
interdimensionali
rapidi
eros dona
immoto
tempo e spazio
agli amanti

Sacrario

spirituali fragranze
delicate
composte
maestose
profumano il sacrario

Sangue

e uomini
in guerra
e sangue
poveri
svenati nei ghetti
dall'arroganza
in corsa
verso il
niente
la morte
uomo tecnologico
con passioni arcaiche
quanti squarci rossi
sul tuo cammino

Conoscenza

cucciolo
d'uomo che cresci
temprato
nel fuoco ancestrale
interfacciato
al bene e al male

fulmineo
l'universo attraversi
verso il tuo destino
per il dolore
la conoscenza

'900

entrano in gioco le masse
con i media
le protervie
amplificano l'imbroglio
autoritario
democratico
raffinato
nuovi potentati
colorati
vomitati dalla bestia
pretestuosi ideali
per guerre tra principati
si contendono il dominio
sulle moltitudini
per succhiarne umanità
atomica
di conoscenza
sull'uomo
in fila nei cortei
la gente
contro le prevaricazioni
sulle piazze del mondo
chiede
amore

Città

patine di sozzura
respira
tra gli escrementi del mattino
randagi
poiane
appollaiate nei quartieri
in attesa del pasto
stendardi domenicali
saziano
la belva
manipoli
vendono sesso
in cambio di anime
fiume di gente in corsa
tutto
merce di scambio

il lavoro

genti
insieme
esplodono alla vita
inni trionfali

Nebbia

leggera
fluida
avvolgente
fluttua
pastellando
armonie delicate
carezzano
placano
incantano

Un bimbo

risposta ai perché della vita
un bimbo
piange
stilettate al dovere
ride
potente generatore d'amore
inno alla gioia
mastice della famiglia

Pane

profumo di buono
voglia
di vivere
grani
gialli saraceno
concertano
al vento
ornati di rosso
sostegno di popoli
alimento globale
puro
corpo di Cristo
proteggete
il pane
dalla mano del crimine

Calvario

l'anima
implosa
decantata
si proietta
radiosa
oltre
il calvario

Giornata bigia

giornata bigia
fredda
vuota
slanci tarpati
foglia al vento tra la folla
senza interessi
solo
nella creta implodente
due grandi occhi
nella finestra
la porta
bastonata dal vento
stridore di vetri
brividi
che voglia
di averti con me

Fuori schema

come una cavia
prigioniero
in una campana di cristallo
mi osservano
le larve
compatiscono
deridono
umiliano
odiano
non capiscono
chi sa
gode nell'essenza
l'uomo è vivo

Per la strada

un complessino sta provando
la musica è nell'aria
una ragazzina sogna
la madre
per un braccio
la tira e la porta via

Regine

morbide
chete
docili
le regine
con il loro incedere
spezzano
le trame della terra
equilibri
ma i riflessi
fruste del reale

Free jazz

tutta la disperazione del genere umano mi
avvolge
i mostri del reale bombardati dai
suoni come orrende maschere cinesi
si disputano il tormento
della mia anima
una mano scava dentro lo stomaco
attorciglia gl'intestini
gli occhi
senza sogni
sbarrati
una tastiera da computer
il volto
ti vedo già
uomo del futuro
nella disperazione dell'impotenza

Fallito

là
una nave sballottata
da onde
di fogna
in tempesta
il motore spento
il timone a folle
non vuol arrendersi all'ingoio
del mare
di fogna
che assale
sul ponte la forza disperata
di un fallito

Paesaggio

guarda
sembra quasi
che la terra
voglia assorbirci
estatici
ne contempliamo
colori e grafiche
trasformando la materia
in energia pulsante
che invade in noi
il nulla
radiando
armonie
esistenziali

Politici

facce
statiche
ilari
imbonitrici
maschere
lucida
micidiale indecisione
reale o formale
progresso
s'incoccia
contro l'intorno
che brama
saccheggio di banda

Fuoco

caricate
puntate
mirate
fuoco

il ribelle Prometeo
pasto del rapace
dona

nutre
scalda
illumina
fonde

l'inizio

l'arto immolato per l'orgoglio di un popolo

funerali di re

gloria
superbia
incarnate
nel saccheggio

dragone maledetto

carni sciolte sulle pire
spiriti indomiti
vivi
chiari
santi

croci fiammeggianti
vergogna di razza

olocausto

popoli in napalm

endemici gruppi
arsi
costretti al movimento
inchiostro
di Dio

nel lavacro
cristiano
forgia

I ragazzi non parlano urlano

lasciati
padroni dello spazio tempo

per le strade
urlano a Dio
compatti in generazione
la gioia di appartenenza e il grazie

di gruppo la frenesia del fare
prepotente l'esigenza di esserci
immensi i sogni
stratosferici gli eventi

pronti a costruire una società
del bene
a pulirla

stroncati
strozzati
ingoiati dall'oscuro
non più tenere lacrime
parole fredde

lontani

non sana
educazione al rispetto e all'amore

scaraventati
incatenati
in un banco
tra saperi morti
oggetto
di saccheggio
materiale e spirituale
goduria di vanagloria
sete di potere inespressa
sottocultura

gli slanci
la gioia
disciplinati
guidati
in modo precisino e perbenino
seguendo regole
false
inumane
anticristiane

autoritario
rispetto
di sistema

il rigetto

non più mattoni per il nuovo

carne velina
corrieri
seppellitori di cani
un dito sul grilletto
grasso per padroni
spaccata impunita
ninos de rua

dolore
per debosciamenti e pestilenze adulte

peggio

terziario
quaternario
parassitismo polifunzionale
a succhiar con titoli
falsi
del lavoro
il frutto

a morte i creativi
perpetua umanità venduta

un solo peccato non sarà perdonato
quello contro lo spirito

Le ragazze fanno la sciula

le ragazze
fanno la sciula

bombe di gioia

abbracciano il mondo

Quanto meno te l'aspetti in questa
domenica calda di luglio

vestito leggero
il sudore
incolla
scolpendone
il corpo
domina
la donna
con naturalezza di femmina

per cotanta bellezza
sorride Dio nella messa
refrigerio
dal mare di richieste

a grandi falcate scompare

d'improvviso
ampia la scollatura
ingioiellata
generando
fragranze amniotiche
appare

trascinando uno scricchiolo per mano

mamma

scoiattoli
si aggrappano
salgono per i fianchi
le cingono il collo
baci

papà

rasoiata
livore

avvocati
tribunali
affidamenti

famiglia
perde

consegna delle armi
a colui che divide
i makefilm inneggiano

vogliono anche il padre

Anarchia cristiana

speranze
ideologiche
uccise

fin quando
il sangue
dell'anarchia cristiana
con violenza
se stesso
impone

da millenni
Colui

che ancor prima di nascere

tutti gl'investiti
d'autorità della terra
davano la caccia per fargli la pelle

dagli schiavismi
l'umanità affrancava

l'ingresso
nel suo regno
offriva
sistemica perfezione

guide
donava
verso future
paradisiache
felicità

pastori d'ecclesia
che deponete
il bastone
raddrizza vie

invece di mazzolar il caprone tra i corni

comodi

lo seguite con tutto il gregge
concessi credito e presenza
ai suoi servi
cortine fumogene avvolgono il credo

melliflui
melensi
i linguaggi

saperi scoordinati

contenuti svuotati
formalismi secolarizzati

sigilli interiori confusi

martirio
al cristiano
calvario
reimpone
allungandone i tempi

teologica formazione antitrentina
a costruir parroci pseudosiracidei
ad asservir spiriti
ai costituiti
comunque
poteri

a cacciar dalle chiese

i Lazzari del 2000

pretendete
Dio
sulla stola
smistar benedizioni e maledizioni

secondo vostro
comando

al generatore di ogni libertà amorevole

piegarsi
asservirsi
alle vostre
bieche passioni
o
vattene
solo

preti e banda
siete fuori
esagerate
e
l'Esasperato
non più solo
il fico seccherà
ma consegnerà
farà passare a fil di spada

poveri
umili
lavoratori
comprati per una birra
sedotti da falsi profeti
teorici del nulla

persone buone
oneste

giusti

riprendete posto
nell'assemblea

dialettica
riportate

Cristo è vostro
testimoniate

lanciate
un ponte
operativo

siate amici
con i Signori dell'universo

addolcitene
le solitudini

immensa la conoscenza
creativi
al top evolutivo

Tatu

corpi
forati
segnati

consegnato
il tempio

non baci d'amore

succhiotti di bestia
a succhiar bestie

vincitori
perdenti
comunque
guerrieri terribili

conflitto
infinito

mai pace

Discoteca

aria

una coppia

van via uguali
mano nella mano
indissolubili
bunker
aura
impenetrabili

integri

nei loro occhi
certezza felice

grande tristezza
per i più manco sesso
figurati amore

Vecchio compagno

Bandiera rossa la trionferà

cortei
comizi
striscioni
bandiere
occupazioni
graffiti
spray

conflitti neri
guerriglia urbana
classe in lotta

il partito

capi grandi
stragi

martirii

scontro di mondi
economia di piano
a cancellar profittatori e succhia sangue

bisogni
miseria
povertà affrancate
nel sogno
uomini fratelli

sgretolato il muro

padroni
senza più barriere
globalizzati

i piccoli
al potere
col ringhio

osso in bocca

quietamente
morbidamente irretiti

sazi
burocratizzati
cuscinetto
filtro
baluardo
elementi sistemici

ai di sempre generatori
di ogni miseria e povertà

speranze tutte vendono

non c'è santi a cui votarsi
l'idea gli ha tolto anche quelli

regole assurde
democraticamente
sottoscritte

ingabbiati

furia cieca
unica risposta

internazionale futura umanità

Ho chiesto a mio Padre

coperto di segni
ho chiesto a mio padre

rispediscili al mittente
con gli interessi

ogni mia parola
azione
rivoltata
opinione
pubblica calunnia

voglio scuotere la polvere
riprendermi la pace

mi ha risposto
non maledirli
perdonali

perdono le offese
non l'operato
contro l'umanità

son tornate
sodomia e gomorra
saranno distrutte

benedici il lavoro
con un gesto
ne ha mostrato i frutti

ha visto le mie catene
sorridendo
me ne ha mostrato i pezzi

ne sento ancora il peso
bloccato
mi ha preso per mano

sto camminando
posso correre
aguzzini
ormai solo ali di folla
al mio passaggio

SCRIBA

intellettuali
umanità sensibile
gonfi di cultura
maestri della parola
scienziati della comunicazione
fustigatori delle devianze
informativi
col rischio
coordinar dei fatti il perchè
tracciar soluzioni
niente senza il consulente

scribacchini

in prima fila
sempre
ad incensar potenti
occultarne
giustificarne
difenderne
l'opera
vi nutrite d'avanzi

roghi uncinati
non insegnano

persa la speranza
popolo senza lumi
saperi asserviti
primi
massacrerà

la conoscenza
ha un solo padrone
il bene comune
fate il vostro dovere

Nato libero

antropofagia

dacci la legge
è dentro di voi

nessuno la rispetta
ho paura
voglio un re

non sottometterti

non riesco
a controllare il male

il re ti fa schiavo

se tu benedici
sarò suddito
ma protetto da fame e lama

pazzo
le cattive abitudini
domina
nessun demone potrà opprimerti

il re
è senza legge
assolutistico potere
infinite le superbie
roba sua

vogliamo la democrazia

costituzione

quante morti
inutili
regole indifese
consensi generati
per saccheggio
impuniti
giusti derisi
mali padroni del campo
caos
non ce la faccio ad aggiustare
non so da dove cominciare

un dittatore
ordine e rispetto

marionetta
capo chino al bastone

dammi un re
non sarà mai buono

ti avevo fatto libero

conosci il delinquere
non amarlo
non riverirlo
nei denti prendilo a calci

il saggio lo conosci
dagli forza
lavorerà per te

quando i sigilli morali
alito di vita
diverranno

in automatico
l'armonia

Amore supremo

amore supremo
per conoscenza
condivisi mali
dona

Indice

1. La coppia
2. Attimi
3. Emanazioni tra la gente
4. Pasqua
5. Ricordi
6. Catene
7. Agli amici artisti
8. Oltre
9. Sacrario
10. Sangue
11. Conoscenza
12. '900
13. città
14. Nebbia
15. Un bimbo
16. Pane
17. Calvario
18. Giornata bigia
19. Solo
20. Fuori schema
21. Per la strada
22. Regine
23. Free jazz
24. Fallito

25. Paesaggio
26. Politici
27. Fuoco
28. I ragazzi non parlano urlano
29. Le ragazze fanno la sciula
30. Quanto meno te l'aspetti in questa domenica calda di luglio
31. Anarchia cristiana
32. Tatu
33. Discoteca
34. Vecchio compagno
35. Ho chiesto a mio Padre
36. Scriba
37. Nato libero
38. Amore supremo

www.ingramcontent.com/pod-product-compliance
Lightning Source LLC
Chambersburg PA
CBHW060504110426
42738CB00055B/2615